Mit Bildern lesen lernen!

Liebe Eltern,

Bilder sind viel einfacher zu lesen als Wörter und Sätze. Wenn in einer Geschichte Wörter durch Bilder ersetzt sind, werden gerade Leseanfänger leichter zum Anschauen und Lesen verlockt.

Ein schönes Lesespiel: Sie lesen den Text, Ihr Kind sagt jeweils das Wort für das Bild – und lernt dabei etwas ganz Wichtiges: Lesen heißt immer auch überlegen, was als nächstes Wort folgen könnte.

Aber auch für Kinder, die schon alleine lesen wollen, sind die übersichtlich gegliederten Geschichten eine geeignete Herausforderung. Die eingestreuten Bilder helfen beim Lesen. Und auf den Suchbildern am Ende jeder Geschichte finden die Kinder eine spielerische Auflösung: die im Text verwendeten Bilder und die dazugehörigen Begriffe.

Prof. Dr. Manfred Wespel,
lesedidaktischer Berater des
KÄNGURU-Programms

Hildegard Müller

Kunterbunte Katzengeschichten

arsEdition

Die Deutsche Bibliothek – CIP-Einheitsaufnahme

Müller, Hildegard:
Kunterbunte Katzengeschichten / Hildegard Müller. -
München : Ars-Ed., 1999
   (Känguru : Mit Bildern lesen lernen)
   ISBN 3-7607-3773-0

Gedruckt auf umweltfreundlichem Papier ohne Chlorbleiche

Lesedidaktische Beratung: Prof. Dr. Manfred Wespel
Nach den Regeln der neuen Rechtschreibung

© 1999 by arsEdition, München
Alle Rechte vorbehalten
Ausstattung und Herstellung: arsEdition, München
Titelbild und Innenillustrationen: Hildegard Müller
Titelvignette: Carola Holland
Einbandkonzeption: Ralph Bittner
Druck und Bindung: Westermann Druck Zwickau GmbH
Printed in Germany
ISBN 3-7607-3773-0

Inhalt

Der Ausflug 8

Molli allein zu Haus 20

Mondgesang 30

Gerettet! 40

Umsala, die fliegende Katze 50

Der Ausflug

Fritz 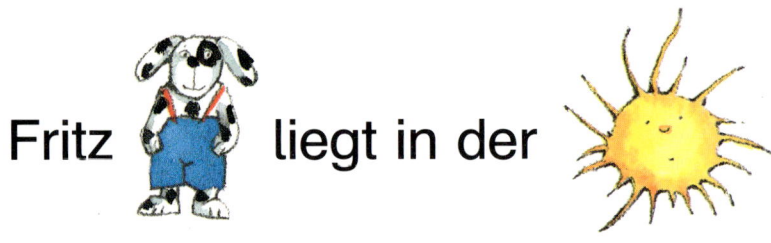 liegt in der

und liest ein .

Da kommen Tonio

und Berta

auf dem  angefahren.

„Hallo, !", rufen sie.

„Wir wollen ans  .

Kommst du mit?"

 zeigt  seine  .

 hält ihren  hoch.

Schnell holt  seinen .

Er steckt sein

und ein  hinein.

 setzt sich hinter

auf den .

 —  fährt los.

 hält sich an  fest.

 hält sich an  fest.

Sie sausen durch den .

Plötzlich ruft  :

„, anhalten!

Ich habe meinen  vergessen!

Ohne  kann ich nicht

in die ."

 wendet den

und fährt die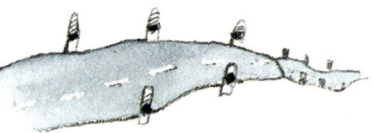

durch den  zurück.

 holt ihren .

Nun fährt  wieder los.

Der   knattert über einen  .

,  und

sehen das  blitzen.

Da ruft , anhalten!

Ich habe meine  vergessen.

Ohne  kann ich

mein 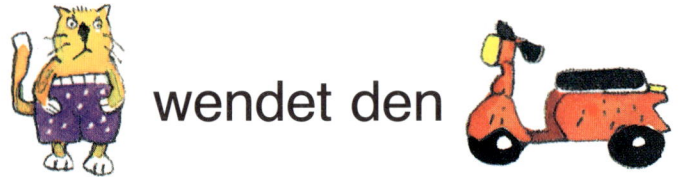 nicht lesen."

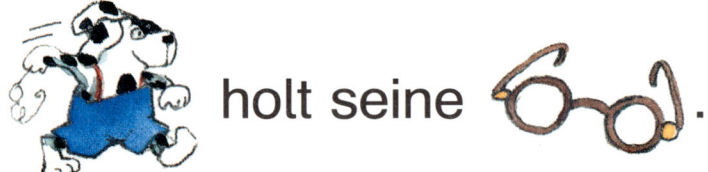 wendet den

und fährt zurück.

 holt seine

 brummt:

„Wer noch was vergessen hat,

kann vom  absteigen

und ans  laufen!"

Grummelnd fährt er los.

 und  singen:

„Wir fahren jetzt ans

und nicht mehr hin und her!"

Auf einmal bleibt der  stehen.

„Absteigen! Laufen!", stöhnt .

„Ich hab vergessen zu tanken.

Ohne

kann der  nicht fahren."

Da singen alle 3:

„Unser  ist leer,

drum laufen wir ans !"

Tank

Wald

Buch

Hügel

Tonio

Berta

Straße

Taucherbrille

Motorroller

 Handtuch

 Meer

 Hut

 Fritz

 Rucksack

 Brille

 Benzin

 Schwimmreifen

 Sonne

Molli allein zu Haus

Heute wollen Elfi und Max wegfahren. macht eine für Molli auf und gibt alles in den .

Sie streichelt .

„Tschüs bis morgen, kleine ."

 und  steigen ins

und fahren davon.

 ist allein im .

Sie geht in die .

Auf dem  steht noch

ein  mit .

 denkt:

„Mal sehen, was im  ist.

 und . Prima!"

 läuft zum  .

Sie ruft Klaus  an.

„Hallo, , ich bin allein.

Kommst du mich besuchen?"

„Au ja!", sagt  .

Kurz darauf steht

vor der .

 und  gehen in die .

Erst essen sie die .

Dann stellt  eine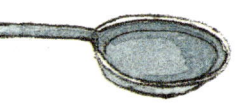

auf den  und brät den .

„Mmm, lecker!", schnuppert  .

 und  lassen

nur die  übrig.

Dann essen sie die  .

Mit vollem  schlafen sie ein.

"Tschüs und danke, liebe !",

sagt morgens .

 legt sich aufs .

Da kommt das

mit  und .

 läuft an die .

„Arme kleine ,

warst du einsam?", fragt

und krault  hinter den .

„Dein  ist ja noch ganz voll.

Meine  hat gar nichts gefressen!"

„Miauuuuu!", sagt .

Elfi

Fressnapf 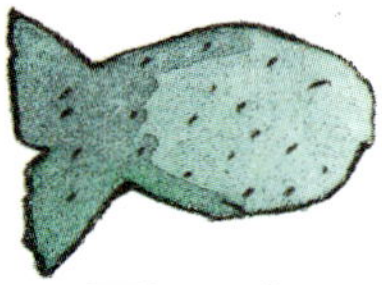   Fisch   Auto

Teller

Kekse

Dose

Bauch

Kühlschrank

Molli

Sofa

Ohren

 Maus

 Küche

 Pfanne

 Max

 Tisch

 Wurst

 Tür

 Herd

 Klaus

 Telefon

 Gräten

 Haus

Mondgesang

Unter der steinernen 🌉

am 💧🌱 liegt ein alter 💼 .

Darin wohnt Kitty .

 liegt auf ihrem 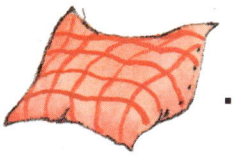.

Sie kann nicht schlafen,

weil der  so hell scheint.

 schaut zum  und singt:

„Rundes schönes -Gesicht,

alle  lieben dich,

stehst am  hell und klar,

-Licht, du bist wunderbar!"

Auf einmal fühlt sich  einsam.

Sie setzt sich auf den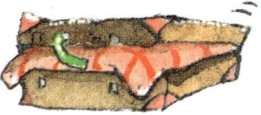

und seufzt:

„Der  ist so weit weg.

Wäre er doch auf der !

Dann könnte er neben mir

auf dem  sitzen

und ich würde ihm was vorsingen."

Die  im  lachen.

" will den

auf der  haben!"

 schnieft beleidigt in ihre .

Plötzlich knurrt jemand: „Hallo!"

 sträuben sich die .

Schnell wie der

springt sie in ihren .

Der 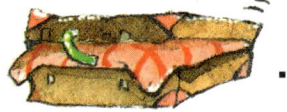 klappt hinter ihr zu.

 fürchtet sich.

Unter der  lebt nur sie.

Ist da draußen etwa ein ?

Draußen brummt jemand:

„Dein -Lied war so schön!"

 ist neugierig.

Vorsichtig lugt sie aus dem .

Sie blickt einem großen  ins .

„Seine  strahlen wie der ", denkt .

Sie klettert aus ihrem .

Der  setzt sich neben .

Beide schauen zum  hinauf.

Und dann singen sie:

„Schönes rundes -Gesicht,

 und  lieben dich,

stehst am  hell und klar,

 -Licht, du bist wunderbar!"

 Kitty

 Koffer

 Frösche

 Haare

  Augen

 Mond

 Gespenst

 Himmel

 Gesicht

 Pfote
 Deckel
 Hund
 Kissen 
 Katze
 Blitz
 Brücke 
Erde
 Fluss

Gerettet!

Bert  lebt in einem  .

Von oben schaut  auf die  .

Da fährt ein  auf den  zu.

Schon platscht der  in die .

Der  steigt in ein

und rudert zum 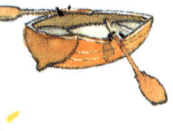.

„Hallo, !", ruft er.

„Komm mit auf mein .

Da kannst du  fangen

und die  mit dem  bewachen.

Dafür bekommst du

frischen , soviel du willst."

„Das klingt gut", sagt

Der  und  rudern zum .

 läuft gleich die  hinunter.

Die  mit dem  stehen

ganz unten im .

„Keine  da", denkt .

Jetzt holt der  den  ein.

Das schaukelt auf den .

 wird grün im  .

Matt legt er sich auf eine  .

Da hört 🐱 die 🐭🐭🐭:

„🐱, du Grün-🐱,

🐭🐭🐭 kriegst du nicht,

unser 🚢 tanzt munter

die 🌊 rauf und runter!"

🐱 hält sich die 👂 zu.

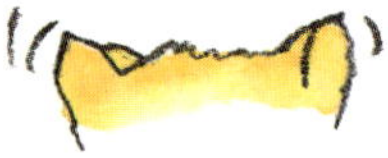

Aber die  sind frech.

Sie ziehen  am .

 torkelt die  hoch.

Er greift nach einem .

„Bloß runter von diesem !",

denkt  und springt ...

Die ~~~ treiben ihn davon.

Armer 🛟!

Plötzlich tauchen 🐉🐉🐉 auf:

„Können wir helfen?"

 jammert:

„Ich will zu meinem !"

Die  schlüpfen

durch das  vom .

Und los gehts.

Bald sieht  den .

„Gerettet!", seufzt .

Anker

Kiste

Schiff

Kapitän

Ohren

Gesicht

Seepferdchen

Wellen

Fisch

 Ruderboot
 Schwanz
 Treppe
 Brot 
 Bert
 Maus
 Rettungsring
 Seil
 Leuchtturm

Umsala, die fliegende Katze

Paula 🧒 liegt im 🛏.

Das 🪟 steht offen.

Der 🪟curtain flattert ins 🛏room.

Boing! Da knallt etwas

gegen den 🪟.

 sieht zwei funkelnde 👁️👁️.

„Bestimmt ein kleines !",

denkt  und knipst ihre  an.

Über ihrer

schwebt ein bunter .

Auf dem 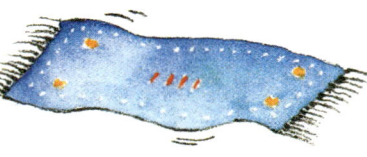 steht eine .

„So was Dummes!", sagt die .

„Ich habe mir den

am  gestoßen."

 sagt: „Das tut bestimmt weh!

Soll ich pusten?"

 spitzt ihren  und pustet.

„Danke!", sagt die .

Sie streckt  ihre hin.

„Ich bin Umsala ."

"Ich bin 👧", sagt 👧 und gibt 🐱 die ✋.

„Bist du schon mal mit einem 🪄 geflogen?", fragt 🐱.

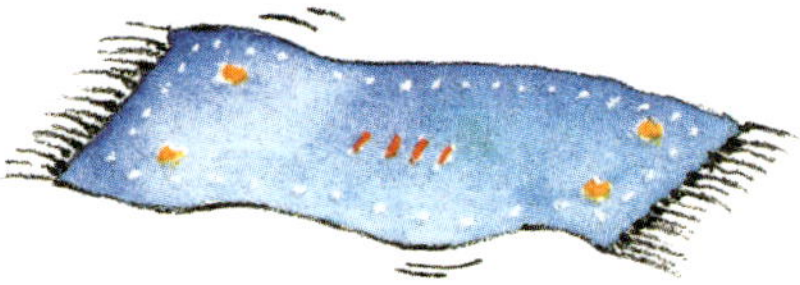

„Nein, nur mit dem ✈️", antwortet 👧.

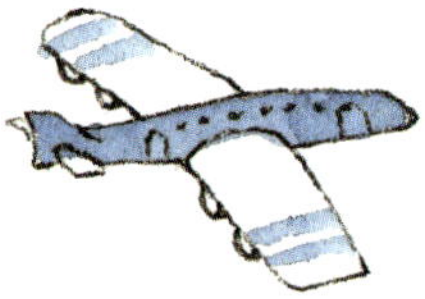

🐱 beugt sich zu 👧 hinunter und hilft ihr auf den 🪄.

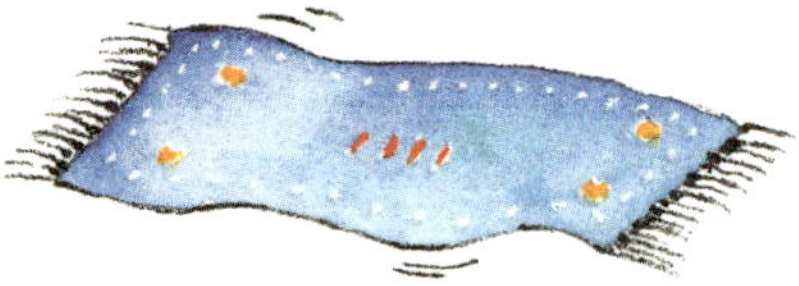

Sie fliegen zum  hinaus.

Am  glitzern  .

„, das ist wunderbar!", ruft  .

Erst als die ☀ aufgeht,

kehren 🧒 und 🐱 zurück.

Der 🟦 rauscht durch das 🪟.

Und **doing**

stößt sich 🐱 den 🐱.

„Arme 🐱!", sagt 🧒.

Sie holt ihren .

„Hier, den schenke ich dir."

 bedankt sich und

schwebt vorsichtig zum  hinaus.

„Bis bald, !",

flüstert  und schläft ein.

Paula

Katze

Bett

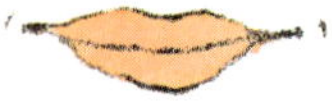

Mund

Sterne

Himmel

Bettdecke

Hand

Flugzeug

Vorhang

Zimmer

Teppich Pfote Fahrradhelm

Umsala

Kopf

Gespenst

Lampe

Fenster Augen Fensterrahmen Sonne

KÄNGURU Lesestufen-Modell

So macht Lesenlernen richtig Spaß – mit Büchern, die auf die unterschiedlichen Lernphasen zugeschnitten sind: 5 Lernschritte, 5 Buch-Reihen. »Kinder werden dann zu begeisterten Lesern, wenn Buch und Leseentwicklung zusammenpassen.«

Prof. Dr. Manfred Wespel, lesedidaktischer Berater des KÄNGURU-Programms

»Mit Comics lesen lernen«

2. Lesestufe ab 6 Jahre
- jeweils eine kurze Geschichte für Leseanfänger
- mit frechen und witzigen Comic-Elementen
- leicht lesbare Fibelschrift

»Mit Bildern lesen lernen«

1. Lesestufe ab 5 Jahre
- kurze lustige Geschichten mit einfachem Text
- Bilder ersetzen Namenwörter
- sehr große Fibelschrift
- fünf doppelseitige Suchbilder

»Kinderroman« und »Krimi-Abenteuer«

5. Lesestufe ab 10 Jahre
- jeweils ein längerer packender Roman für begeisterte »Leseprofis«
- eingestreute Schwarzweiß-Illustrationen

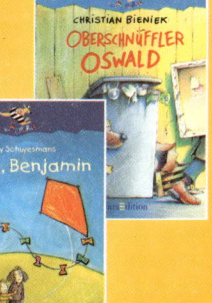

»Leseabenteuer in Farbe«

4. Lesestufe ab 8 Jahre
- jeweils eine längere spannende Geschichte
- viele farbige Illustrationen
- große Schrift

»Erste Geschichten zum Selberlesen«

3. Lesestufe ab 7 Jahre
- mehrere kurze Geschichten zu einem Thema
- klare Textgliederung als Lesehilfe
- große Fibelschrift
- viele farbige Illustrationen

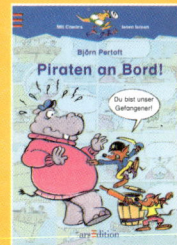